PATRICK LAGNEAU

REGARDS
(30 photos-30 poèmes)

Préface de Serge Beyer

À Maëlie, ma dernière petite-fille

Préface

REGARDS : Mais que cache donc ce titre ?

Un album de photographies ou un recueil de poèmes ?

Pour avoir eu le privilège de parcourir ce livre avant sa publication, j'ose affirmer que vous y trouverez une merveilleuse et étonnante invitation pour un voyage, une immersion en *Poésie.*

Qui peut prétendre que ce mot aux mille et une définitions ne se niche que dans l'écriture en vers, ne vaut que par la richesse de leurs rimes et ne danse que sur une musique au rythme toujours bien cadencé de leurs pieds ?

La poésie est partout là où quelqu'un s'étonne, frissonne et fixe, quel qu'en soit le moyen, l'instant à saisir pour mieux en raconter l'invisible. Elle n'est vraie et vivante que dans le partage d'une image, d'une émotion, d'un battement de cœur.

Vous avez dit *Image* ? Et pourquoi pas photos ?

« On photographie ce qu'on regarde, donc on se photographie soi-même », a dit Denis Roche, écrivain photographe.

Sans doute, mais écrire, n'est-ce pas aussi parler de soi pour laisser les autres plonger en nous leur regard ?

Si je devais, du *creux de l'arc-en-ciel*, libérer une couleur pour en réaliser un monochrome susceptible de symboliser ma vision de la poésie de Patrick Lagneau, ce serait évidemment le Bleu.

Bleu de la mer à l'envers où les pensées se noient,
Bleu du reflet parfumé d'une femme illuminant un petit matin trop blême,
Bleu mouillé des larmes de la fillette sur l'or de la marguerite,
Bleu pâle du satin tendu sur l'orient,
Bleu sombre du regard qui doute, ne sait plus s'il faut décrocher les nuages ou leur confier nos rêves…
Bleu de l'encre que l'auteur ne veut ni noire ni triste, pour graver sans amertume : *Ce sont des mots d'amour, mes enfants je vous aime* »
Bleu magnétique de la tendresse qui dégouline avec bonheur sur un visage posé au creux d'une épaule maternelle,
Bleu irisé d'un fleuve ourlé d'ocre, de la houle née de flots siciliens, emportant le reflet d'une barque, ou de l'Hermione, avant que le ciel de Collioure ne vienne la lui voler,
Bleu des rêves du môme qui se sait déjà marin,
Bleu de la peinture écaillée d'un totem indien oublié défiant le crépuscule sur Vancouver,

Bleu du silence que même un goéland ne vient froisser, prêt à dévorer tous les mots,

Bleu parfois abîmé par les nuits, les angoisses, les peurs, ces tempêtes qui laissent des cicatrices et des ecchymoses aux cœurs,

Bleu horizon englouti dans la boue de Verdun,

Bleu givré des névés coiffant les Pyrénées,

Bleu des soies d'un pinceau qui se fait plume, qu'Hugo trempe sans doute en souriant dans la palette de Manet pour la confier ensuite à Yves Klein… Sommes-nous à Étretat, Jersey ou Cagnes-sur-Mer ?

Autant de *Regards* à croiser, à partager, où Patrick nous invite à nous perdre, ou à nous retrouver…

Ancré à la frange d'une paupière, là où les marées de l'âme sèment la nacre des coquillages, les brisures d'étoiles et les éclats de lapis-lazuli, un bateau toutes voiles déployées, les cales chargées de mots, d'images, et sans doute de turquoises et d'aigues-marines, vous attend pour le Voyage… si bleu.

Embarquez, regardez, écoutez, et… bon vent !

Serge Beyer
Auteur-poète récompensé par de nombreux prix régionaux et nationaux

À mes amis partis

Dans la mer à l'envers où se noient mes pensées
S'efface la trace que je voudrais panser
Les souvenirs si chers m'empêchent d'avancer
Mes amis sont tous là dans ma tête à danser

Je divague aux vagues remous chargés d'écume
Qui déchirent et taguent mon esprit d'amertume
Les plaisirs d'autrefois me narguent et me consument
Nos échanges et nos rires ont sombré dans la brume

Et le soleil soudain se reflète dans l'onde
J'entre dans la lumière où mon cœur vagabonde
Parmi vous, mes amis, à marcher sur la plage

Mais il n'est pas l'heure d'aller dans votre monde
Attendez-moi un an, un mois, une seconde
Ensemble nous ferons ces pas sur le rivage.

Aux mots du père

Posons-nous la question : pourquoi les mots dits
S'enfuient-ils si souvent au loin de nos mémoires
Et que les mots écrits sont bien moins dérisoires
Même après que l'auteur du monde est parti ?

La parole s'envole affirme le dicton
Et qu'on le veuille ou non sur la page un mot reste
Point n'est besoin de cris, de regards ou de gestes
Non, quelques vers suffisent à créer l'émotion

Alors mes chers enfants, quand je serai au ciel
Ne soyez pas tristes c'est vraiment essentiel
Pensez de temps en temps à lire ce poème

Un rayon de soleil au cœur d'un arc-en-ciel
Ce sont les mots d'un père un peu confidentiels
Ce sont des mots d'amour, mes enfants je vous aime

Balade sicilienne

Magie d'un soir d'été, balade sur une île
Le long du silence d'un vieux port endormi
Nos pas sur la grève par le sable amortis
Sous le manteau bleu nuit, ciel chéri de Sicile

Silhouette fantôme au rythme des reflets
D'une barque bercée par la note éternelle
D'une corde italienne échappée d'une belle
Mandoline lointaine et par le vent soufflée

À la douce mélopée, *il mare ti amo*
J'écris ces mots du cœur, là, à Marettimo
Mots tagués à jamais au mur de ton émoi

Le livre de ma vie brûlera dans les flammes
Souvenirs épinglés aux pages de mon âme
Pour toujours emporter ce bonheur avec toi

Bleu silence

Je ne vois que le vide, allongé sur la plage
L'infini en abîme, étendue insensée…
Pour ancrer tout là-haut le fil de ma pensée
Pas un seul goéland, ni même un seul nuage

Pourtant, à un moment, de cet azur proviennent
Des mots inattendus qui s'assemblent en silence
Au creux de mon oreille, au fond de ma conscience
Et hasardent des vers où des rimes surviennent

Mais je ne sais pourquoi, mais je ne sais comment
Sont venues ces idées qu'au fond de moi j'entends
Comme une mélodie inconnue, impensable

Serait-ce la muse qui me souffle le vent
D'un étrange parfum et m'attire un instant
Dans le bleu de ses yeux pour m'aimer sur le sable ?

Bord du Loing

C'est une aide un remède à bénir les martyrs
Joli coin pas très loin où je pose morose
Les envies de ma vie et des choses moins roses
En un mot tous les maux à ternir l'avenir

Le regard en amarre et je plonge mes songes
Devant moi dans l'émoi où affleurent les couleurs
Que constelle le ciel au cœur de profondeurs
Inversées, insensées, que les reflets prolongent

Là cesse ma tristesse et du sol je m'envole
Je m'enfuis de ces nuits où l'alcool me console
Et m'étale, fatal, aux confins d'un recoin

Je l'embrasse la glace gardienne de sienne
De l'envers outremer d'où surviennent d'anciennes
Alchimies où finit en or le bord du Loing

Bouteille à la mer

Viens t'asseoir sur le bord des falaises du temps
Écouter les vagues clapoter à nos pieds
Et poser nos regards dans une éternité
À tomber du monde juste pour un instant

Il est loin l'horizon au bout de notre enfance
Aussi loin qu'un bateau que l'on n'a jamais pris
Mais qu'on s'est inventé au port de notre esprit
Un voilier qui serait pour demain en partance

Quels que soient les parcours que suivront nos destins
Nos erreurs, nos faiblesses à salir nos chemins
Je veux, là, face au ciel, parler à cœur ouvert

Je te promets qu'à vie mon frère tu seras
Aucune querelle jamais ne jettera
En enfer mon serment, ma bouteille à la mer

Chimères

Pleins feux sur la scène ! Je succombe et contemple
Le bal des sirènes qui fit tomber Ulysse
Aux voix inhumaines fuies par la Pythonisse
Belle et souveraine sous le dôme du temple

Spectacle grandiose ! Magie d'un faisceau ample !
Je tombe en hypnose tout mon esprit se glisse
Aux métamorphoses que les cieux accomplissent
Sur la mer et déposent au matin en exemple

Femmes qui me croisez, vous êtes ce reflet
Et cette lumière qu'en ma vie vous soufflez
Je ne suis que l'ombre de l'ombre de vos pas

Ô vacille mon cœur plein de désir gonflé
Aux silhouettes qui s'enfuient, comme un soufflet,
Mais dans la pénombre je sombre dans vos bras

Coup de foudre

Quand la tramontane fait la cour à la mer
Et que les vagues enflent d'un désir contenu,
Et quand cède la Dame aux assauts du vent fier
Les passions se déchaînent alors sans retenue

La puissance des cieux exaltés par l'audace
Fait jaillir l'écume des profondeurs marines
Et dans un hurlement de plaisir dans l'espace
Efface les traces d'une bise câline

Puis le vent se retire en laissant sa maîtresse
Épuisée par le souffle hardi de ses caresses.
Lorsque vient le soleil pour un tout nouveau jour

La mer songe ravie à sa nuit d'allégresse
Et attend son amant, tramontane déesse,
Tempête prochaine, synonyme d'Amour

Désillusion

La fillette chanta la ritournelle « il m'aime
Un peu, beaucoup, passionnément, à la folie
Pas du tout », puis sombra dans la mélancolie
Quand le dernier pétale annonça juste « il m'aime »

Déçue par le verdict anodin du message
Elle cueillit bien vite une autre marguerite
L'effeuilla, espérant l'expression favorite
« À la folie » pour jubiler sur son nuage

En vain. Pour entendre les mots de son désir
Encore elle courut, deux, trois Reines saisir
Chaque fois, « pas du tout » sur ses lèvres affleura

Dans tout le pré elle chercha l'ultime fleur
À dénuder. Mais ne restaient pour son malheur
Que pétales fanés. Alors elle pleura

Étretat

Ouvrir la fenêtre pour admirer la mer
Et laisser s'engouffrer le vent de la marée
Divaguer à une vague barque amarrée
S'inspirer de la vue, écrire quelques vers

De la porte d'aval jusqu'à la Manneporte
Se dessine une baie de la Côte d'Albâtre
Qui met en scène le passé, comme au théâtre
Tout le long du Perrey où mon regard se porte

Les fantômes sont là que mon esprit exhume
L'un avec ses pinceaux, les autres avec la plume
Victor Hugo, Flaubert et Guy de Maupassant

Hugo écrit : « C'est la plus grande architecture ! »
Et Monet immortalise de sa peinture
Étretat et ses falaises au soleil couchant

Fenêtres

Fenêtre sur la mer fenêtre sur le ciel
Un chemin ombragé aux voûtes végétales
Dans une aquarelle aux couleurs originales
Sensations étranges d'un parcours sensoriel

Puis le souffle est coupé par cette transparence
Magie de l'émeraude et de l'aigue-marine
Baignée de rochers peints d'écumes ivoirines
Par de vagues pinceaux mus avec nonchalance

Mes pas feutrés au tapis d'aiguilles de pins
Longent un écran pour d'immobiles comédiens
De lumière et d'ombres qu'on jurerait chinoises

J'ai caché dans mon âme un morceau du chemin
Un cliché dérobé bien caché dans mes mains
Et aux bleus de mon cœur : ciel d'azur, eau turquoise

L'artiste pêcheur

Enserré dans l'étau de nuages grisâtres
Un pêcheur solitaire au seuil du crépuscule
Sombre tache immobile en un point minuscule
Se détache impuissant sous la voûte d'albâtre

Jamais plus qu'aujourd'hui l'homme n'a ressenti
Cette amertume-là peser sur ses épaules
C'est le temps qui se hisse et glisse sur sa gaule
Pour plonger dans le lac, couler au ralenti

Quoi ! dit-il, si le ciel se mêle de ma vie
Me cache la lumière et plombe mes envies
Alors adieu la pêche et vive la peinture

Je peindrai les reflets, parfaite symétrie
Mêlerai l'air et l'eau avec une harmonie
Qui fera du tableau un hymne à la nature

L'aube

Serait-il donc défunt ou encore en sommeil
Le village planté au bas de la colline
Ne voit-il pas naître la lueur opaline
Si prémonitoire d'un lever de soleil

Les dernières bougies meurent au petit matin
Façades effacées qui incitent les toits
À recevoir d'Orient les flammes du pavois
Teinte incarnadine et bleu pâle du satin

Où sont les châtaigniers, les chênes, les sapins
Où sont les marronniers, les frênes et les pins
Éteints au silence de silhouettes sombres

L'aube va rendre enfin au monde son butin
Le réveil des couleurs, incroyable destin
Que peindre et apporter de la lumière aux ombres

L'automne de ma vie

Elle s'enfuit la route longue et bitumée
À travers les feuilles dorées de mon automne
Mon cœur est-il blessé de langueur monotone
Pardon, cher Verlaine, pour la rime assumée

Oh non, mon cœur charmé est d'humeur à chanter
Chaque arbre a revêtu son long manteau de miel
Et retarde l'hiver prêt à tomber du ciel
L'ocre est depuis toujours la clef pour m'enchanter

Ainsi va mon chemin, un automne qui fuit
À pas feutrés, jour après jour, nuit après nuit
Mais qui recouvre feuille à feuille ma jeunesse

Demain viendra le froid, sans fureur et sans bruit
Et je m'éloignerai, bien vieux, épanoui
L'âme apaisée, paupières closes et sans tristesse

Le Canigou

Le jour, il est le phare et aussi le gardien
Il domine la mer et veille sur la plaine
C'est un dieu, un rempart et un totem indien
Il impose son ombre immense et souveraine

Si tu es triste, un jour, que ta vie semble dure
Va et isole-toi au coucher du soleil
Prends ton chagrin d'amour, ta peine et les blessures
De ton cœur à pleins bras, écoute ce conseil !

Regarde ! Regarde ! Lève les yeux au ciel
Si le vent t'apporte comme un souffle de miel
Inspire le parfum que tu sens d'un seul coup

Laisse-le pénétrer jusqu'au fond de ton âme
Et s'il guérit tes maux et ranime ta flamme
La tramontane est descendue du Canigou

Le peintre

Venu de nulle part, le peintre s'est figé
Fasciné par la mer, le ciel et les nuages
Puis il a avancé d'un pas lent sur la plage
Porté par la toile que l'instant exigeait

Fébrile il a planté son bon vieux chevalet
Dans le sable doré et ouvert sa mallette
Pour ses huiles poser au bois de sa palette
À l'aide d'un couteau pour mieux les étaler

Puis il a projeté son regard dans les cieux
Et plongé son pinceau dans le blanc, dans le bleu
Une touche de noir pour griser le mélange

Rendre le mouvement tel un souffle de Dieu
Pour finir dans l'argent de la mer au milieu
Et sur l'œuvre peindre la lumière d'un ange

Le photographe

Il contemple, il avance, il se fond au décor
Et sans lui faire offense, hors des affres du temps
Mais conscient de la chance à capter les instants
De la mer en mouvances à mourir sur le bord

D'un éclair visionnaire il a scindé l'espace
De manière arbitraire en bandes horizontales
Aux teintes similaires, un ciel en diagonale
Vague à l'écume claire, et limpide surface

De la ligne centrale il a perçu les taches
Arabesques bleu gris et blancheur de la gouache
Arrêt sur image d'un cinématographe

Puis il a attendu que se posent un moment
Des goélands venus du lointain firmament
Pour figer le tableau, cliché de photographe

Le sorcier aux mains d'or

Il a plongé, l'aigle royal, vers la rivière
Et planté ses serres dans le corps de sa proie
Pour le porter à coups d'ailes jusqu'à son aire
Exhiber tout là-haut le fruit de son exploit

Mais à bien regarder, il n'est point de rapaces
Capable de rester figés comme statue de marbre
Ni de braver le temps, par fierté, par audace
Pour une éternité à la cime d'un arbre

Et pourtant il est là, fort et indestructible
Né au cœur d'un sapin, pourtant inaccessible
Sous le ciseau à bois d'un homme plein d'ardeur

Il a de son génie embelli le décor
C'est un grand magicien, un sorcier aux mains d'or
C'est un artiste, il porte un simple nom : sculpteur

L'enfant et la mer

Pour la première fois de sa petite vie
Un enfant s'approche sur le sable d'argent
Et s'effraie un instant des assauts violents
Du géant d'eau mouvant dans un bruit sans répit

Il ouvre grand les yeux, porté par sa raison
Et voit au bout du ciel s'envoler une voile
Aussi blanche aussi loin que le sont les étoiles
Et comprend qu'un bateau navigue à l'horizon

Ainsi tu es la mer à caresser la plage
Emporter les navires en de lointains voyages
Sans connaître le port où ils seront demain

Peu m'importent le vent, la houle et les orages
Je ne suis qu'un enfant sans peur et sans bagages
Et j'irai avec toi, car je serai marin

Les flamants roses

Que j'aimerais faire dans ma vie une pause
Et arrêter le temps pour laisser mon regard
Errer au fil de l'eau avec l'espoir de voir
D'étranges échassiers danser en robe rose

J'irais en Camargue au milieu des marais
Fondre à la beauté de ces dieux de prestige
Qu'engendra la nature, incroyable prodige
Au lever du soleil dans un ciel chamarré

Je les regarderais sur leurs pattes fragiles
Glisser sur le miroir d'une marche gracile
Et onduler le cou en danseur virtuose

Serait gravée en moi l'image indélébile
Fantasmes éthérés des reflets volatiles
D'ombres aux ailes de feu appelées flamants roses

Les ombres

Quand le soleil au bout de son trajet céleste
Tire à lui sur son lit le bout de satin sombre
Orangé de la nuit, déambulent les ombres
Que le grand sablier allonge aux grains funestes

Elles s'étirent, meurent et le soir disparaissent
Chantant en silence d'obscures mélopées
À damner notre âme de nos rêves échappée
Jusqu'au matin prochain, jour où elles renaissent

Ainsi va le rythme de la vie d'un enfant
Chaque jour que Dieu fait il grandit lentement
Puis devient un Homme comme le plus grand nombre

Il apprend, il travaille, il souffre à trop vieillir
Et la Terre viendra son corps ensevelir
Une fois mort, où va son âme ? Où va son ombre ?

L'orage

L'hiver, il a plu sur les vitres de mon cœur
Et l'eau a ruisselé lentement sur mes joues
C'était un orage comme un coup de grisou
Tonnerre, éclairs et tombereau dévastateur

Puis l'eau s'est infiltrée jusqu'au fond de mon âme
Une chaude lumière a surgi de la nuit
À peindre d'ocre et d'or le sous-bois de ma vie
Et cacher dans un coin l'arbre mort de mon drame

Oui, mon père est parti, me laissant démuni
Ravagé, plein de larmes et de regrets jaunis
Aux adieux éternels de son dernier voyage

Mais le chagrin cède la place au souvenir
Comme un petit morceau de joie en devenir
C'est certain, le beau temps revient après l'orage

Mirage

J'erre nonchalamment, les pensées en bataille
À chercher quelque vers, un signe de la Muse
Je dois me résigner, la quête vaine m'use
Pas d'éclair de génie ni aucune trouvaille

Quand soudain par hasard se meuvent en mon esprit
De grandes taches rouges et jaunes sur fond bleu
Des nuances reptiles dont la danse m'émeut
À me donner l'élan vers un nouvel écrit

Mais s'éveille un clocher, s'envole ma bravoure
Car je prends conscience que je suis à Collioure
Je quitte les volutes et renonce aux chicanes

Je suis au quai du port… Les restes d'un naufrage ?
Je lève la tête, les yeux dans le mirage
Et vois les doux reflets de barques catalanes

Printemps occitan

J'ai découvert, dans le Midi, mille pêchers
Roses de fleurs à me plonger dans le silence
D'un espace dont le décor m'a empêché
De croire à cet instant que là, j'étais en France

Et tout là-haut, planté dans le céleste bleu
Un massif imposant m'a lancé un message
Complainte lancinante et triste d'un adieu
Blanc des cimes à sonner le glas comme un présage

Une saison nouvelle approchait à grands pas
Soulignait en couleurs de l'hiver le trépas
Balayant la trace de ses neiges d'antan

Don de la nature, magie polychromique
J'ai figé dans ma mémoire photographique
Le bleu, le blanc, le rose au printemps occitan

Refuser

Le sais-tu, au regard de ces croix alignées
Qu'un jour, pas loin d'ici, cassés par les larmes
Des pères, des maris sont passés par les armes
Pour avoir à la mort refusé de signer ?

Refusé de courir sous la pluie des obus
Refusé de s'empaler sur les baïonnettes
Refusé de s'effondrer en marionnettes
Et sombrer dans la boue en soldats inconnus

Refusé de tomber héros au champ d'honneur
Écrit à l'être aimé ces mots d'un chant d'horreur
Je ne veux pas finir comme chair à canon

Ils n'ont pas eu de croix, mais la fosse commune
Et j'érige en ces vers l'épitaphe opportune
À vous, morts en guerre ! Grande Guerre est son nom

Regards

Un fil invisible tendu entre les yeux
Serait-il possible qu'il fût tissé d'or fin
Mais inaccessible pourtant à tant d'humains
Insensibles souvent aux regards harmonieux

La lumière d'argent dans le flou des cheveux
Souligne cet instant figé dans le lointain
D'avenirs défiant le temps et les chagrins,
Ou de bonheurs brûlants tels un cadeau des dieux

Les sourires affichés à peine dessinés
Irradient chaque trait, visages illuminés
Saine admiration sans borne tout autour

Je vous livre un secret : j'ai été fasciné
Quand deux regards sacrés sont si enracinés
Dans l'âme, accréditons la force de l'Amour

Rêver

Pour toujours j'ai ancré à l'ombre de mon âme
L'émotion ressentie il y a bien longtemps
Au vieux mur de pierres découpé par le temps
Et ouvert au décor comme on offre un sésame

Les Pyrénées lassées, épuisées de courir
Sont figées au satin d'un drapé de verdure
Fait de vignes et pins parasol en bordure
De la côte et du ciel dans un bleu à mourir

J'ai en moi ce joyau, de son nom les Albères
Caché dans son écrin tout au bout de la terre
Un mélange de mer et aussi de montagne

Et je reste des heures à fixer cette image
Rêver, rêver, voler et partir en voyage
Jusqu'en ce paradis aux portes de l'Espagne

Secrète rivière

Il est une rivière au plus profond des bois
Où peu de lumière se glisse jusqu'à l'eau
La verdure d'un mur de frênes, de bouleaux
La borde d'un murmure et referme le toit

C'est un mélange étrange aux couleurs de saphir
De jade et d'émeraude où rôde le silence
Que dix mille reflets en cette douce ambiance
Subliment à la langueur du souffle d'un soupir

Elle roule et s'écoule en clapotis discrets
Qui éveillent mon âme aux trames d'un secret
Dont les arbres à l'envers prolongent le mystère

D'où vient ce sentiment de repos et de paix
L'écrin de vert a-t-il le pouvoir d'agripper
Le lointain souvenir du ventre de ma mère

Un jour, les coquelicots

Un jour ont disparu tous les coquelicots
Des prés de mon enfance où le vent caressait
La fine apparence des corolles dressées
En traînes inversées d'un rouge calicot

La déraison des hommes a effacé ces fleurs
Des pages du monde, noirci son avenir
Archivé le carmin aux vagues souvenirs
De ma lointaine enfance et de mon cœur en pleurs

Mais ils ont ressurgi et leur royale allure
A bordé les sentiers le long de nos cultures
Et j'ai crié de joie jusqu'à m'époumoner

Car le coquelicot est l'hymne à la nature
Qu'un génie du passé, un jour, de sa peinture
A immortalisé. Il s'appelait Monet

Vancouver

J'ai posé mes valises en face du couchant
Assis sur une plage au bord du Pacifique
Et je me suis laissé emporter par le chant
Crépusculaire aux feux d'harmonies magnifiques

Des nuages brûlés caressaient l'océan
D'une douceur infinie et posaient sur le monde
Le souffle de la paix déchirant au safran
Du soleil fatigué la traîne vagabonde

Le temps était figé sous la conjugaison
Du ciel et de la mer, et comme au diapason
La nuit s'est approchée, le tableau s'est couvert

J'ai suivi de l'esprit sans hâte et sans raison
L'errance des cargos en fuite à l'horizon
Comme un ultime adieu au port de Vancouver

Ombres et lumières

Le jeu des ombres et des lumières
Les contrastes du noir et blanc
Une opposition où la pierre
Sort du passé quelques instants
Par mon regard de photographe
(Je passais par là par hasard)
Se pose ainsi un autographe
Sur une éphémère œuvre d'art
Peut-être me suis-je inspiré
De sensations sur l'instant
Ou ai-je laissé respirer
Les photos pour prendre le temps
Mais quand ont déferlé les mots
Comme des vagues déchaînées
J'ai écrit des vers aussitôt
Assemblés dans trente sonnets
Ce poème n'en est pas un
C'est un petit jeu d'écriture
Que j'ai trouvé plus opportun
En guis' de fermeture

Remerciements

À ma femme, mes enfants, petits-enfants,
À ma mère, mon père
À mes amis auteurs, poètes, et les autres

Table des matières

Préface	....	Page 7
À mes amis partis	....	Page 11
Aux mots du père	....	Page 13
Balade sicilienne	....	Page 15
Bleu silence	....	Page 17
Bord du Loing	....	Page 19
Bouteille à la mer	....	Page 21
Chimères	....	Page 23
Coup de foudre	....	Page 25
Désillusion	....	Page 27
Étretat	....	Page 29
Fenêtres	....	Page 31
L'artiste pêcheur	....	Page 33
L'aube	....	Page 35
L'automne de ma vie	....	Page 37
Le Canigou	....	Page 39
Le peintre	....	Page 41
Le photographe	....	Page 43
Le sorcier aux mains d'or	....	Page 45
L'enfant et la mer	....	Page 47
Les flamants roses	....	Page 49
Les ombres	....	Page 51
L'orage	....	Page 53
Mirage	....	Page 55
Printemps occitan	....	Page 57
Refuser	....	Page 59
Regards	....	Page 61
Rêver	....	Page 63
Secrète rivière	....	Page 65

Un jour, les coquelicots	....	Page 67
Vancouver	....	Page 69
Ombres et lumières	....	Page 71
Remerciements	....	Page 73
Table des matières	....	Page 75

Du même auteur
chez BoD

La petite boîte d'albâtre
(roman – 2008)

Les voyages temporels d'Archibald Goustoquet
Tome I : Attentat (Roman – 2009)
Tome II : Kidnapping (Roman – 2010)
Tome III : Catastrophe (Roman – 2011)

Étranges migraines
(Roman – 2012)

Le photographe de Paulilles
(Roman – 2013)

4857, Mao Zedong Avenue
(Roman – 2014)

44 ans sans toi
(Roman – 2016)

Page blanche pour roman noir
(Roman – 2017)

Tu ne tatoueras point
(Roman – 2018)

Salut, mon pote !
(Roman – 2019)

J'ai mal à mon pays
(Roman – 2020)

La panne
(Roman – 2022)

© 2022, Patrick LAGNEAU

Édition : BoD · Books on Demand, 31 avenue Saint-Rémy, 57600 Forbach, bod@bod.fr

Impression : Libri Plureos GmbH, Friedensallee 273, 22763 Hamburg (Allemagne)

ISBN : 978-2-3224-5514-0
Dépôt légal : Novembre 2022